BEI GRIN MACHT SICH IHR WISSEN BEZAHLT

- Wir veröffentlichen Ihre Hausarbeit,
  Bachelor- und Masterarbeit

- Ihr eigenes eBook und Buch -
  weltweit in allen wichtigen Shops

- Verdienen Sie an jedem Verkauf

Jetzt bei www.GRIN.com hochladen und kostenlos publizieren

Sprachlernspiele im Fremdsprachenunterricht

Ein Plädoyer für das spielerische Lernen im Französischunterricht am Beispiel des Rollenspiels "Le marché"

Ute Corell

Bibliografische Information der Deutschen Nationalbibliothek:

Die Deutsche Nationalbibliothek verzeichnet diese Publikation in der Deutschen Nationalbibliografie; detaillierte bibliografische Daten sind im Internet über http://dnb.d-nb.de abrufbar.

ISBN: 9783346579652
Dieses Buch ist auch als E-Book erhältlich.

© GRIN Publishing GmbH
Nymphenburger Straße 86
80636 München

Druck und Bindung: Books on Demand GmbH, Norderstedt Germany
Gedruckt auf säurefreiem Papier aus verantwortungsvollen Quellen

Das vorliegende Werk wurde sorgfältig erarbeitet. Dennoch übernehmen Autoren und Verlag für die Richtigkeit von Angaben, Hinweisen, Links und Ratschlägen sowie eventuelle Druckfehler keine Haftung.

Das Buch bei GRIN: https://www.grin.com/document/1168974

Sprachlernspiele im Fremdsprachenunterricht – ein Plädoyer

Eine kritische Analyse des Rollenspiels Le Marché

Inhaltsverzeichnis

1 Einleitung

Unterricht heute sollte nicht nur aus der Perspektive der Lehrenden, sondern auch aus der Perspektive der Lernenden thematisiert werden. Dieser Ansatz der lern-lehr-theoretischen Didaktik hat sich übergreifend durchgesetzt, sodass für Planung und Analyse von Unterricht zentrale Kernelemente beachtet werden müssen. Diese beziehen sich auf die internen Bedingungen des Verhaltens eines Schülers[1], auf sein Lernverhalten, welches zu diesen internen Bedingungen führt bzw. führte sowie die Umgebungsbedingungen wie Lehrertätigkeiten, Medien, Lehrformen, Lernaufgaben, die ggf. dazu beitragen, das jeweilige Lernverhalten auszulösen.[2] Folglich muss die Lehrperson über eine starke unterrichtsmethodische Handlungskompetenz verfügen. Diese besteht

> in der Fähigkeit, in immer wieder neuen, nie genau vorhersehbaren Unterrichtssituationen Lernprozesse der Schüler zielorientiert, selbstständig und unter Beachtung der institutionellen Rahmenbedingungen zu organisieren.[3]

Die Methode ist also in ihrer dienenden Funktion für den Unterrichtsprozess anzusehen und sollte niemals um ihrer selbst willen gewählt werden. Sie sollte aber dennoch motivierend und authentisch sein.

Hinsichtlich dieser Kriterien wird

> das Spiel häufig als geeignete Methode angesehen, mit deren Hilfe die Aufmerksamkeit und die Motivation der Adressaten zu wecken und zu fördern ist, die zudem mit ihren Möglichkeiten des entdeckenden, handelndes und problemlösenden Lernens zu einer Intensivierung des Lernprozesses beizutragen vermag.[4]

Es ist prädestiniert für eine Förderung von Motivation, Kommunikation und Kooperation im Unterricht, es kann aufgrund von Erfolgserlebnissen sowie dem Spielcharakter im geschützten Rahmen eine positive Einstellung zum Unterricht herstellen und findet daher häufige Anwendung im Fremdsprachenunterricht. Besonders das Rollenspiel birgt für den Fremdsprachenunterricht ein hohes Potential an Einsatzmöglichkeiten, denn in ihm können Schüler unter dem Schutzmantel ihrer Rolle eigenverantwortlich in der Fremdsprache agieren und reagieren. Das Rollenspiel als eine „komplexe Methode zur Aneignung gesellschaftlicher Wirklichkeit"[5] soll daher nicht nur zentral Lerninhalte vermittelt, sondern dient darüber hinaus

---

[1] Aus Gründen der Lesbarkeit wird nur die maskuline Form genannt. Gemeint sind jedoch stets Schülerinnen und Schüler, Lehrerinnen und Lehrer, Mitschülerinnen und Mitschüler usw.
[2] Vgl. Straka, G./ Macke, G.: Lern-Lehr-Theoretische Didaktik. In: Lernen, organisiert und selbstgesteuert – Forschung – Lehre – Praxis; Bd. 3. Münster, 2002. S. 22.
[3] Meyer, H.: Unterrichtsmethoden, 1. Theorieband. 6. Aufl. Frankfurt am Main, 1994a. S. 21.
[4] Vogelsang, H.: Spielpädagogik. Aspekte und Probleme des Spielens – exemplifiziert am Bewegungsspiel. In: Grundlagen der Schulpädagogik; Bd. 11. Hohengehren, 1994.
[5] Meyer, H.: Unterrichtsmethoden, 2. Praxisband. 6. Aufl. Frankfurt am Main, 1994b. S. 358.

der Möglichkeit der Perspektivübernahme, der Selbstreflexion und in weitem Maße dem interkulturellen Lernen.

Im Rahmen dieser Arbeit soll untersucht werden, unter welchen Bedingungen das Rollenspiel ein sinnvolles Miteinander von Lernen und Lehren gestaltet. Exemplarisch an dem Rollenspiel *Le Marché* (PIEL) soll unter Berücksichtigung der in den Bildungsstandards festgelegten Sprachkompetenzen für den Französischunterricht die Zielorientierung dieser Methode betrachtet werden. Die konkrete Forschungsfrage lautet demnach: Unter welchen Bedingungen ist das Rollenspiel – besonders das Rollenspiel *Le Marché* im Französischunterricht – eine zielführende Unterrichtsmethode?

Zunächst werden Spiele hinsichtlich der lern-lehr-theoretischen Didaktik von STRAKA/MACKE (2002/2009) betrachtet. Es sollen Kriterien herausgearbeitet werden, die den Einsatz von Spielen im Fremdsprachenunterricht legitimieren. Im Folgenden wird konkret das Rollenspiel *Le Marche* analysiert und auf seine Chancen und Risiken für den Französischunterricht überprüft. In einem Fazit werden resümierend die Ergebnisse der Arbeit zusammengetragen.

2 Sprachlernspiele im Unterricht – Chancen und Risiken im Rahmen einer lern-lehr-theoretischen Didaktik

2.1 Die Bedeutung einer lern-lehr-theoretische Didaktik für das Spielen im Unterricht

In der Tradition didaktischer Überlegungen gibt es eine Fülle an allgemeinen Lerntheorien und Methodenschemata, die Konzepte für Unterricht darlegen. STRAKA/MACKE (2002/2009) entwerfen das Konzept einer Lern-Lehr-Theorie, das den Handlungsbegriff mehrdimensional betrachtet, das Verstehen als Grundlage für Information sieht und definiert, dass aufgrund des Ineinanderwirkens von Handeln und Information Verstehen der Verständigung bedarf, also Interaktion und Kommunikation zentrale Voraussetzungen für Lernen und Lehren sind.

Das Handeln eines Schülers wird von seinen internen Bedingungen wie Wissen, Fertigkeiten oder motivationalen und emotionalen Dispositionen sowie von externen Bedingung, dem Lehrerverhalten, Aufgaben, Medien etc. beeinflusst. Die Handlungsepisoden bilden ein komplexes Zusammenspiel von motorischem und kognitivem Verhalten und motivational und emotionalem Erleben. Diese Dimensionen tragen verschiedenen Funktionen für das Lernen.

Verkürzt gesagt sehen STRAKA/MACKE Lernende als Subjekte ihres Lernens, die bewusst unter der Bedingung von Lehren handeln. Interaktion und Kommunikation mit der Lehrkraft und untereinander stellt dabei die Verbindung zum Lehren und Lernen her. Lernen findet dann statt, wenn sich „die internen Bedingungen beispielsweise Wissen, Fertigkeiten und Interessen als Elemente motivationaler Dispositionen dauerhaft verändert haben"[6]. Dadurch steuern die Schüler ihr Lernen zu großen Teilen selbst. ‚Information' ist in dem Konzept die zu lernenden Basis. Sie setzt sich aus Fakten bis hin zu Verstandenem zusammen. Information ist subjektbezogen und aktuell erzeugt; sie muss, wenn sie nicht verloren gehen, sondern gelernt werden soll, vom Handelnden explizit aber auch implizit in den dauerhaften Bestand seiner internen Bedingungen übergeführt werden.

Mit ihrem Modell entwickeln STRAKA/MACKE (2009) drei Kernfragen, die sich gegenseitig bedingen: (1) Welche überdauernden inneren Bedingungen wurden aufgebaut oder sollen aufgebaut werden? (2) Welches Lernhandeln führt bzw. führte zu diesen inneren Bedingungen? (3) Welche Umgebungsbedingungen (Lehrtätigkeiten, Medien, Lehrformen und Lernaufgaben) sind geeignet bzw. trugen dazu bei, dieses Lernverhalten auszulösen?

---

[6] Straka, Gerald A./Macke, Gerd: Neue Einsichten in Lehren , Lernen und Kompetenz. Bremen, Institut Technik und Bildung 2009. URL: http://www.pedocs.de/volltexte/2014/8723/pdf/Straka_Macke_2009_Neue_Einsichten.pdf [Stand: 26.03.2015] S. 2.

Überträgt man folglich dieses Model auf das Spielen im Fremdsprachenunterricht und beleuchtet das Sprachlernspiel hinsichtlich der durch die Kernfragen aufgeworfenen Kriterien, lässt sich feststellen, dass Spiele durchaus sinnvoll sein können.

Das Spiel im Fremdsprachenunterricht führt zu einer motivationalen und emotionalen Teilhabe. Die Schüler verfolgen ein konkretes Ziel und agieren mit persönlich, unterschiedlichen Einstellungen. Aufgrund der positiven Konnotation von ‚Spiel' ist davon auszugehen, dass diese internen Bedingungen bei Schülern grundlegend ähnlich positiv gestellt sind bzw. werden. Zudem wird implizit Wissen vorausgesetzt, automatisch abgerufen und neu erworben. Unter dem Deckmantel des Spiels ist der Wissenserwerb allerdings für Schüler nicht mühsam und zeitaufwändig sondern vollzieht sich unbewusst.

Das Lernhandeln, das zu diesen internen Bedingungen führt, zeigt sich in der Umsetzung des Spiels. Wichtig dabei ist, dass die Schüler weder über- noch unterfordert sind und in gewissen Freiräumen ihre Kompetenzen austesten können. Sind Schüler gefordert zu sprechen, fördern sie ihre Kommunikationsfähigkeit. Ein Zusammenspiel von Kooperation und Konkurrenz bewirkt zudem immer das Aufkommen von Motivation und Emotion.

Das Spiel als Umgebungsbedingung kann solch ein positives Lernverhalten auslösen. Bedeutungsvoll ist aber immer eine kompetente Lehrtätigkeit der Lehrperson. Eine konsequente Vorbereitung, eine konkrete Einführung und eine reflektierte Einbettung in das Unterrichtsgeschehen sind relevante Bedingungen, die die Lehrperson leisten muss. Medien müssen adäquat eingesetzt werden und das Lernziel muss immer im Fokus des Spiels liegen. Daher wurden lernzielorientierte Lehrpläne entwickelt, denen der lernzielorientierte Unterricht entsprechen sollte. In ihnen finden auch Spiele ihren Platz.

> Die Funktion professionellen Lehrens ist es also, seine Lehrformen so auszuwählen und einzusetzen, dass das Zusammenspiel von Lernen und Lehren den Lernenden hilft, die angestrebte Lernepisode zu durchlaufen und die angestrebten Lernergebnisse zu erreichen.[7]

2.2 Die Forderung nach Ganzheitlichkeit: Rollenspiele als Umsetzungsmöglichkeit

Sobald Schüler eine neue Fremdsprache erlernen, müssen sie darauf vorbereitet werden, in gängigen Alltagssituationen kurze Gespräche führen zu können. „Sprechen und Zuhören gelten als individuelle Sprechhandlungskompetenzen, die systematisch gefördert werden können und sollen."[8] Die Befähigung von Schülern zur Kommunikationsfähigkeit in persönlichen, gesellschaftlichen und beruflichen Kontexten gilt als globales Ziel von Sprachunterricht. Die

---

[7] Straka, G./ Macke, G.: Lern-Lehr-Theoretische Didaktik. In: Lernen, organisiert und selbstgesteuert – Forschung – Lehre – Praxis; Bd. 3. Münster, 2002. S. 217.
[8] Mönnich, Anette: Miteinander sprechen – eine Form gemeinsamen Handelns. In: Deutschunterricht 5/2006. S. 4.

Fähigkeit des freien Kommunizierens wird dabei als das oberste Ziel des Fremdsprachenunterrichts diskutiert. Zum Erreichen dieses Ziels muss sich Unterricht für lebensnahe Kommunikations- und Lernprozesse öffnen.[9] Im Kompetenzbereich Sprechen der Bildungsstandards wird von Schülern erwartet, dass sie an Gesprächen in der Fremdsprache teilnehmen können. Unterricht muss die Basis für einen gelungenen Umgang mit der Fremdsprache schaffen und dafür Sorge tragen, dass am Ende der schulischen Ausbildung folgendes gewährleistet wird:

> Die Schülerinnen und Schüler können sich weitgehend flüssig, sprachlich korrekt und adressatengerecht sowie situationsangemessen an Gesprächen beteiligen. Sie sind bereit und in der Lage, in einer gegebenen Sprechsituation zu interagieren, auch wenn abstrakte und in einzelnen Fällen weniger vertraute Themen behandelt werden.[10]

Doch immernoch resultiert in vielen Klassenzimmern aus der Dominanz grammatischer Inhalte eine untergeordnete Rolle mündlicher Kommunikation.[11] Gründe hierfür können in der vergleichbar schwierigen Leistungserhebung liegen:

> Solange die Schule mit Abschlüssen und Zeugnissen Auslese- und Bewertungsfunktion besitzt, werden Verfahren eine Rolle spielen, die helfen, Leistungen rasch, eindeutig und genau zu bewerten. Ganzheitliche Leistungsmessung ist zwar möglich, hat aber den praktischen Nachteil, zeit- und arbeitsaufwändig zu sein.[12]

Häufig werden bei bloßen Grammatik- bzw. ‚formzentrierten' Übungen inhaltliche Bedeutungen außer Acht gelassen. Die Beispielsätze zum Anwenden einer Regel haben meist keine pragmatische Funktion. Durch diese Wirklichkeitsferne lernen Schüler isolierte Grammatikelemente, die sie nicht in einen Gesamtzusammenhang zu bringen wissen. Gleiches geschieht immer wieder in der Wortschatzarbeit – Lexik, Phonetik und Orthografie werden für zentrale Phänomene herausgestellt und nicht in den fremdsprachlichen Zusammenhang integriert.

> Einer solche Art von Fremdsprachenunterricht liegt die weit verbreitete Vorstellung zugrunde, dass zunächst ein bestimmtes sprachliches Wissen, bestimmte sprachliche Kennnisse im Bereich von Grammatik, Lexik, Phonetik und Orthographie sowie in der Landeskunde zu erwerben seien, und dass dieses Wissen, diese Kenntnisse dann beim Sprachvollzug, also beim Hören, beim Lesen, beim Sprechen und beim Schreiben angewendet werden müssten, damit sich Können entwickele.[13]

---

[9] Vgl. Schöpp, Frank: Zum Stellenwert von Mündlichkeit und Nähesprache im Französischunterricht. In: Zeitschrift für Romanische Sprachen und ihre Didaktik. Heft 2,2. Stuttgart 2008. S. 76 ff.
[10] Bildungsstandards für die fortgeführte Fremdsprache (Englisch/Französisch) für die Allgemeine Hochschulreife. Beschluss der Kultusministerkonferenz vom 18.10.2012. URL: http://www.kmk.org/fileadmin/veroeffentlichungen_beschluesse/2012/2012_10_18-Bildungsstandards-Fortgef-FS-Abi.pdf [Stand: 25.03.2015].
[11] Vgl. Schöpp, 2008. S. 86.
[12] Klippel, Friederike: Überlegungen zum ganzheitlichen Fremdsprachenunterricht. In: Fremdsprachenunterricht. Heft 44/53. 2000. S. 247.
[13] Segermann, Krista: Ganzheitsdidaktik – ein pädagogisches Konzept auch für den Fremdsprachenunterricht? In: Fremdsprachenunterricht. Heft 44/53. 2000. S. 250.

Allerdings lässt sich das formale Wissen um Wörter und grammatische Regeln „nicht so ohne weiteres in die den ganzen Menschen erfordernde Fähigkeit zur inhaltlichen Kommunikation überführen"[14]. Aus diesem Grund müssen Schüler im Französischunterricht einen Zugang zur mündlichen Nähesprache bekommen, um „mit frankophonen Gesprächspartnern kommunizieren zu können"[15].

Um Mündlichkeit im Unterricht zu stärken, authentische Interaktionsmuster in den Klassenraum zu bringen und gleichzeitig den Schutzmantel einer zu spielenden Person zu bieten, eignen sich in besonderer Weise Rollenspiele.

> In Rollenspielen versetzen sich die Schüler in die Lage einer fiktiven Person und agieren in einer vorgegebenen imaginären Situation.[…] Diese Rollenspiele können sehr kontrolliert oder auch offen sein, d. h. präzise inhaltliche und sprachliche Vorgaben können das freie Sprechen unterstützen, während allgemeiner gehaltene Angaben zur Situation unabhängigeres Experimentieren mit sozialen und sprachlichen Interaktionsmustern der Fremdsprache ermöglichen.[16]

Der Vorteil von Rollenspielen ist, dass sie alle Lernenden aktivieren, ihr individuelles Lerntempo berücksichtigen und eine kommunikationsrelevante Situation aufgreifen.[17] In ihnen bauen Schüler Hemmungen des freien Sprechens ab. Zudem können Schüler in ihrer Rolle die Anwendung grammatischer Phänomene trainieren. Die Schüler erleben einen Zugang zu der Fremdsprache durch alle ihre Sinne.

Ganzheitlichkeit ist ein handlungsorientiertes Konzept, das für Lernprozesse im Unterrichtsgeschehen zunehmend gefordert wird. Besonders im Fremdsprachenunterricht sind ganzheitliche Lernerfahrungen kommunikative relevant, denn sie stellen „Anwendungsfelder für den situativen Gebrauch der fremden Sprache dar"[18]. Durch die sinnlichen Eindrücke wird in Lernsituationen die Verarbeitungstiefe und der Behaltenseffekt gesteigert.

> Rollenspiele sind hierfür ein adäquates Aufgabenformat, weil sie einerseits eine Übungsform zum Festigen sowie zur Vertiefung und Automatisierung neuer Sprachmuster (Lexik und Grammatik) darstellen. Andererseits eignen sie sich zur Förderung eines wirklichkeitsnahen dialogisch geprägten Sprechens.[19]

---

[14] Segermann, 2000. S. 250.
[15] Schöpp, 2008. S. 94.
[16] Gedicke, Monika: Rollenspiele im Fremdsprachenunterricht – eine Möglichkeit zur Förderung realitätsbezogener Kommunikation? In: Fremdsprachenunterricht. 44/53. 2000. S. 22.
[17] Vgl.: Vorbeck-Heyn, Manja: Rollenspiele: Freies Sprechen im Anfangsunterricht. In: Praxis Fremdsprachenunterricht Französisch. 5/2010. S. 4.
[18] Klippel, Friederike, 2000. S. 242.
[19] Vorbeck-Heyn, 2010. S. 4.

3 Das Rollenspiel *Le Marché* – eine zielführende Methode im Französischunterricht?

3.1 Ein Definitionsversuch

Zunächst ist es wichtig festzustellen nach welchen Kriterien ein Spiel von einer Übung abzugrenzen ist. SCHEUERL (1977) fasst sechs Merkmale zusammen, die ein Spiel als Spiel definieren. Angewendet auf die hier thematisierte Methode *Le Marché* kann festgestellt werden, dass diese einer grundlegenden Freiheit unterliegt, die sich vornehmlich in einer Freiheit von Leistungs- und Notendruck kennzeichnet. Schüler sollen in einer Atmosphäre agieren, in der sie sich nicht beobachtet, gestresst oder vorgeführt fühlen. Zudem unterliegt *Le Marché* einer Zweck- bzw. Bedürfnishandlung, da die Käufer ihre Produkte erwerben und die Verkäufer diese loswerden möchten. Dadurch kommt eine spielinterne Zielorientiertheit zustande und es wird ein Selbsterhaltungscharakter gewährleistet. Das Spiel findet außerhalb der Realität, in einer Scheinwelt, statt und verfügt zudem über umgedeutete Identitäten. Die Schüler simulieren in ihren Rollen einen Markteinkauf. Eine Ungewissheit des Spielverlaufs, die durch die Herausforderung der Kommunikation, d. h. das Zuhören und Sprechen der Schüler, ist gegeben. Die Handlung ist räumlich und zeitlich begrenzt und die Teilnehmer sind im Akt des Spielens allein auf das Spiel fokussiert.[20] Da diese Wesensmerkmale auf die Methode *Le Marché* zutreffen, ist es zunächst als ein Spiel zu definieren. KLIPPEL (2010) grenzt darüber hinaus *Le Marché* deutlich von einer Übung ab, da nur *activities* (oder Spiele) „Ähnlichkeiten mit echten kommunikativen Situationen [besitzen], […] den Austausch zwischen mehreren Sprechern [erfordern] und […] dabei die Verwendung bestimmter sprachlicher Mittel nahe[legen]"[21]. Sie weist aber dennoch darauf hin, dass eine konkrete Definition schwierig ist und Grenzen sowohl zwischen Spiel und Übung als auch in den Unterkategorisierungen häufig verschwimmen. Desweiteren bestimmen sowohl KLIPPEL als auch KLEPPIN (1995) das Spiel *Le Marché* in seiner Unterkategorie als Sprachlernspiel. KLIPPEL setzt *activities* und Sprachlernspiele nahezu gleich, hebt lediglich hervor, dass es sich bei *Le Marché* um eine *communicative activity* handeln muss, die dem Prinzip der *information gap activity* folgt. Die Schüler müssen ihre Informationslücke durch gelungene Kommunikation füllen.[22] Dieses Spiel hat „den ausdrücklichen Zweck des Lernens einer Sprache"[23]. Aus diesen Gründen legt auch KLEPPIN die Definition des Sprachlernspieles nahe.[24]

---

[20] Vgl. Hansen, Maike/ Wendt, Michael: Sprachlernspiele. Grundlagen und annotierte Auswahlbibliographie unter Berücksichtigung des Französischunterrichts. Tübingen 1990. S.13 ff.
[21] Klippel, Friederike: Activities und Sprachlerspiele. In: Hallet (Hg.): Handbuch Fremdsprachendidaktik. 2010. S. 186.
[22] Vgl. ebd. S. 187.
[23] Kilp, Elóide: Spiele für den Fremdsprachenunterricht. Aspekte einer Spielandragonik. S. 93.
[24] Vgl. Kleppin, Karin: Sprachspiele und Sprachlernspiele. S. 263- 266.

Zur weiteren Konkretisierung kann *Le Marché* als Rollenspiel eingeordnet werden. Alle Teilnehmer erhalten ihre definierten Rollen. Rollenspiele können zur „Konsolidierung bereits erlernter Sprechfunktionen oder auch zur Vorbereitung auf reale Situationen im fremdsprachlichen Land"[25] eingesetzt werden. *Le Marché* führt die Schüler also in eine authentische Situation ein. Ohne die ständige Kontrolle des Lehrers können Schüler in einem geschützten Rahmen die freie und spontane Sprachanwendung trainieren.

3.2 *Le Marché*: Einsatz im Unterricht

Besonders im Anfangsunterricht eignen sich simple Alltagssituationen wie eine zufällige Begegnung, ein Kinobesuch oder das Einkaufen auf dem Markt, um mit Schüler situationsangemessenes, freies Sprechen zu üben. Bei der von PIEL entwickelten Methode *Le Marché* versetzen sich einige Schüler in die Rolle von Marktverkäufern und preisen ihre Produkte an, andere Schüler hingegen erhalten einen Einkaufszettel und sollen an den verschiedenen Ständen ihre benötigten Produkte erwerben. Dafür ist eine Interaktion zwischen Verkäufer und Käufer notwendig, sodass die Kompetenz Sprechen als Hauptelement des Spiels gilt. Bereits am Ende der 7. Klassenstufe sollen Schüler in der Lage sein „mit einem oder mehreren Partnern vertraute Kommunikationssituationen, in denen es um einen unkomplizierten und direkten Austausch von Informationen geht"[26], zu bewältigen. Nach Kriterien des ‚Gemeinsamen Europäischen Referenzrahmen für Sprachen‘ sollen Schüler in dieser Jahrgangsstufe

> vertraute, alltägliche Ausdrücke und ganz einfache Sätze verstehen und verwenden [können], die auf die Befriedigung konkreter Bedürfnisse zielen. [Außerdem können sie] sich auf einfache Art verständigen, wenn die Gesprächspartnerinnen oder Gesprächspartner langsam und deutlich sprechen und bereit sind zu helfen.[27]

Dadurch, dass alle Schüler zum Erreichen ihres Ziels kommunizieren müssen, bietet diese Lehrmethode ideale Bedingungen um Schülern ausreichend Sprechanlässe zu geben.

Auch inhaltlich ist das Sprachlernspiel zu rechtfertigen. So definiert auch das Kerncurriculum der Sek. I die Themen *boire et manger, faire les magasins* und *le mode de vie* als relevant, Schüler können das Wortfeld *Obst und Gemüse* einüben und lernen dabei ihren Wortschatz zu strukturieren und geeignete Redemittel einsetzen.

---

[25] Gedicke, 2000. S. 22.
[26] Niedersächsisches Kultusministerium. „Kerncurriculum für das Gymnasium Schuljahrgänge 6 – 10". 2009. Niedersächsischer Bildungsserver. http://db2.nibis.de/1db/cuvo/datei/kc_franz_gym_i.pdf [Stand: 25.03.2015].
[27] Gemeinsamer Europäischer Referenzrahmen für Sprachen. Niveau A1 – Anfänger. URL: http://www.europaeischer-referenzrahmen.de/ [Stand: 25.03.2015].

Die gewählte Methode des Sprachlernspiels eignet sich folglich in besonderer Weise um den Kompetenzbereich *Sprechen und Zuhören* zu trainieren. Die Schüler agieren situationsangemessen und adressatengerecht, sie hören aufmerksam zu und verhalten sich respektvoll, sie nutzen einen angemessenen Sprachregister und äußern sich konstruktiv. Durch methodische Zusatzentscheidungen der Lehrperson kann diese das Spiel steuern. Bei einer redegehemmten Klasse können die Schüler beispielsweise in Zweiergruppen ihre Einkäufe erledigen. Außerdem kann die Lehrperson binnendifferenziert eingreifen und Einkaufslisten individuell abgestimmt verteilen.

Dennoch muss in der Zielorientierung der Methode ein Unterschied zwischen Lehrziel und Handlungsziel gemacht werden. So beschreibt MEYER (1994) als Lehrziel „die Bildungsabsichten des Lehrers im Unterricht"[28], wohingegen ein Handlungsziel „die Absichten, Motive und Gründe, derentwegen sich der oder die Schüler am Unterricht beteiligen oder die Beteiligung verweigern"[29] darstellen. Eine Methode muss also zum einen den Lernweg zum inhaltlichen Stundenziel bereiten und gleichzeitig den Bedürfnissen und Interessen der Schüler standhalten.

Bei *Le Marché* ist es wichtig, dass der Spielecharakter gewährleistet bleibt. Es ist nicht sinnvoll mit dem Spiel grammatische oder lexikalische Strukturen einzuüben. Sofern eine passende Grammatikübung dem Spiel vorausgeht, sollte auf keinen Fall ein bewusster Zusammenhang hergestellt werden. Besonders schwache Schüler würden eine Kontrollsituation wahrnehmen und schwierige oder neue Konstruktionen vermeiden, um keine Fehler zu machen. Tatsächliches Ziel darf nur das Zustandekommen einer adäquaten, flüssigen Kommunikation sein. Im Anschluss an das Spiel wäre allerdings eine kritische Reflexion sinnvoll. Schüler können sich dazu äußern, wie sie mit Problemen umgegangen sind somit von ihren Mitschülern profitieren.

Allgemeine Kritikpunkte, die den Einsatz aller Spiele im Unterricht betreffen (z.B. Lautstärkeanstieg, Zeitverlust, Kritik von Eltern oder Kollegen etc.[30]) werden nicht mit aufgeführt, da sie sich nicht konkret auf das Spiel *Le marché* beziehen und für modernen, zielorientierten Unterricht in der didaktischen Forschung zunehmend an Standfestigkeit verlieren.

---

[28] Meyer, 1994a. S. 90.
[29] Ebd.
[30] Vgl. Jactat, Bruno: Pause récréative ou méthode à part entiére? In: Le francais dans le monde. No. 358. 2008. S. 30.

3.3 Förderung kognitiver, sozialer und affektiver Lernziele durch den Einsatz von *Le Marché* im Unterricht

Die Gesellschaft verlangt von Schulabgängern heutzutage Kooperationsfähigkeit, Selbständigkeit, Eigenverantwortlichkeit, Selbstvertrauen, Entscheidungsfreudigkeit und Offenheit. Reine Fachexpertise ist zwar hoch anzusehen, auf dem Arbeitsmarkt aber nicht mehr als wichtigstes Kriterium vertreten. Für den Fremdsprachenunterricht ist es daher bedeutsam, immer mehrere Lernziele zu verfolgen: kognitive, affektive und soziale.

Das Sprachlernspiel *Le Marché* hat das Potential all diese allgemeinen fachbezogenen Lernziele in sich zu integrieren. Solche Richtziele verweisen auf den Bereich der angestrebten Veränderungen, sie besitzen daher einen geringen Grad der Eindeutigkeit und enthalten im Fremdsprachenunterricht Aussagen über

> die Bedeutung von Landeskunde, Literatur und Grammatik für des Fremdsprachenlernen; die Gewichtung vom Sprachsystem (Grammatik, Wortschatz, Aussprache, Orthografie) im Erlernen der Fremdsprache; die Gewichtung der Fertigkeiten und deren Stelle im Erlernen der Fremdsprache sowie die Gestaltung sprachlicher Rollen[31].

Kognitive Lernziele

> beziehen sich auf den Bereich des Erinnerns (Kennen, Reproduzieren) von Wissen und auf die Erweiterung intellektueller Fähigkeiten und Fertigkeiten. Sie beschreiben ein Verhalten, das den Wahrnehmungs-, Gedächtnis- und Denkbereich des Menschen betrifft.[32]

In diesem Sprachlernspiel werden die kognitiven Fähigkeiten insofern gefördert, da Schüler bekannte Kommunikationsmuster anwenden, ihr Repertoire an Wortschatz aktivieren, nutzen und erweitern. In dem kommunikativen Austausch müssen die Schüler ganzheitlich komplex denken, sie müssen Grammatik anwenden und situationsangemessen agieren und reagieren. Der aktive und passive Wortschatz wird erweitert, sie trainieren aktiv und passiv ihre Aussprache und erwerben landeskundliches Wissen.

Die Schüler sind während des Spiels *Le Marché* nicht nur kognitiv gefordert, sondern auch affektiv. Ihre Einstellungen, Haltungen und Interessen werden beeinflusst. Durch die Teilnahme an Sprachlernspielen aktivieren sie Sprache, aber darüber hinaus müssen sie sich über Planung und Arbeitsvorhaben verständigen, Lernsituationen selbständig meistern, kulturell reflektieren, strategisch handeln und sich auf die Spielteilnehmer einstellen.

> Affektive und soziale Lernziele (d. h. Lernen im Bereich von Gefühlen und Wertungen, von Einstellungen und Haltungen) beziehen sich auf Veränderungen von Interessenlagen, auf die Bereitschaft, etwas zu tun oder zu denken, auf Einstellungen und Werte und auf die Entwicklung von Werthaltungen. Sie beschreiben ein Verhalten, das den Bereich der Triebe, Interessen, Einstellungen, Gefühle und Wertungen betrifft.[33]

---

[31] Straka/Macke, 2009. S. 14.
[32] Ebd. S. 16.
[33] Ebd. S. 17 f.

Informationen, die die Lernenden affektiv ansprechen und sie interessieren, werden länger im Gedächtnis behalten. Aus diesem Grund sollten Emotionen mit in den Lernprozess einbezogen werden. Zudem werden in Sprachlernspielen im Allgemeinen Sprechhemmungen abgebaut. Lernende brauchen im sanktionsfreien Raum der Spiele keine Angst vor dem Versagen zu haben. Mit der Spielsituation wird den Lernern also eine angstfreie Atmosphäre angeboten, wo sie ihre Gedanken in der fremden Sprache frei ausdrücken und Probehandlungen ausführen können. Die Freude über die Ausdrucksfähigkeit in der Fremdsprache und die daraus entstehenden Erfolgsergebnisse haben also eine eindeutig positive Auswirkung auf das Selbstbewusstsein und die Persönlichkeit der Lernenden.

In einem ganzheitlichen Fremdsprachenunterricht wirken kognitive, affektive und soziale Aspekte zusammen. „Das Lernen von Fertigkeiten [setzt] ein bestimmtes Wissen oder Verständnis, aber auch ein bestimmtes Interesse voraus. Umgekehrt wird oft erst dann eine bleibende Einstellung erworben, wenn eine vertiefte kognitive Auseinandersetzung stattgefunden hat"[34]. Erfahrungen, die sowohl Intellekt, Gefühl und Sinne ansprechen, eine Abfolge von Anstrengung und Entspannung sowie befriedigende sprachliche und nicht-sprachliche Interaktionen mit hoher Fehlertoleranz seitens der Lehrenden führen zu einer angenehmen Lernatmosphäre.

Jede Unterrichtsstunde muss einen Lerner bewusst verändern und voranbringen. Das Spiel *Le Marché* folgt diesbezüglich den Kriterien des Konzeptes einer lern-lehr-theoretischen Didaktik.

3.4 Eine Brücke zur interkulturellen Kompetenz

Im Französischunterricht sollen die Lernenden befähigt werden, in einer der französischen Sprache und Kultur typischen Weise zu kommunizieren. Die Schüler sollen die fremde Kultur schätzen lernen und für kulturelle Unterschiede zwischen der Zielkultur und der fremden Kultur sensibilisiert werden. Sie sollen eine interkulturelle Kompetenz ausbilden, welche eine Aneignung und Verinnerlichung von Rollendistanz, Empathiefähigkeit, Ambiguitätstoleranz und Identitätsbewusstsein voraussetzt. Schließlich sollen sie in der Lage sein, in Situationen mit Menschen aus französischen Kulturkreisen effektiv zu kommunizieren und zu handeln. Rollenspiele können diese Haltungen entwickeln und eignen sich daher in besonderer Weise zur Entwicklung und Förderung der interkulturellen Kompetenz der Lernenden.

In dem Sprachlernspiel *Le Marché* kann auf vielfältige Weise Interkulturalität geschult werden. Das Spiel kann ein allgemeines Wissen über die frankophone Kultur und Frankreich bzw. die

---

[34] Velica, Ioana: Lernziele und deren Bedeutung im Unterricht. In: Neue Didaktik, 2010. S. 17. URL: http://www.pedocs.de/volltexte/2013/5859/pdf/NeueDidaktik_2_2010_Velica_Lernziele_Bedeutung.pdf [Stand: 2503.2015].

frankophonen Länder vermitteln und es kann Wissen über die Beziehung zwischen Sprache und Kultur zur Geltung bringen.[35] So kann beispielsweise ein Erfahrungsraum konstruiert werden, in dem durch französische Hintergrundmusik sowie authentische Materialien (Einkaufs-, Preislisten, Rezepte) eine spielerische Atmosphäre entsteht, die Fremdwahrnehmung initiiert. Schüler lernen situationsangemessen Begrüßungen und Verabschiedungen. Allein dadurch werden Wissen über die fremde Kultur erfahren und Beziehungen zur Sprache hergeleitet. Darüber hinaus kann die Lehrperson bereits vor Spielbeginn Steuerungsmaßnahmen vornehmen. Es können Einkaufsvorgaben gemacht werden, die nicht geleistet werden können. Die Lernenden müssen in solch einer Situation selbst Konfliktlösungsstrategien entwickeln. Es können Wörter verschiedener Register auftauchen, die von den Schülern identifiziert werden müssen. Rollen können implizit mit Stereotypen definiert werden, sodass ein Aufkommen dieser in einer kritischen Reflexion diskutiert wird. Solch eine Diskussion bewirkt ein zukünftiges Erkennen und Vermeiden von Stereotypen. Auch eigenes Verhalten und Handeln kann im Anschluss an das Spiel kritisch reflektiert werden. Die Reflexion im Anschluss an das Spiel ist von hoher Wichtigkeit, da häufig erst durch eine Bewusstmachung Interkulturalität wahrgenommen wird.

---

[35] Rössler, Andrea: Input-Standards und Opportunity-to-learn-Standards für die Schulug interkultureller Kompetenz im Fremdsprachenunterricht. In: Caspari, Daniela/ Küster, Lutz (Hg.): Wege zu interkultureller Kompetenz. Fremdsprachendidaktische Aspekte der Text- und Medienarbeit. Frankfurt a.M. 2010. S. 118 f.

4. Fazit

Spiele im Fremdsprachenunterricht sind, sofern sie nicht zum Zeitvertreib oder Amüsement der Schülerschaft den Unterricht aufheitern sollen, eine durchaus sinnvolle Methode zur Unterrichtsgestaltung. Kritikpunkte, wie ein zu hoher Vorbereitungsaufwand oder ein hoher Lautstärkepegel, können als hinfällig betrachtet werden. Stattdessen beinhaltet ein sinnvoll angewendetes Sprachlernspiel im Fremdsprachenunterricht ein hohes Potential im Bereich Sprach- und Persönlichkeitsentwicklung, initiiert eine Reflexion über Sprache und Land seitens der Schüler und fördert ihre interkulturelle Kompetenz. Spiele haben einen hohen, häufig von Schülern nicht wahrgenommenen Lerneffekt. Lernen setzt nach STRAKA/MACKE Wissen und Fertigkeiten, aber auch Motivation und Emotionen voraus. Besonders letzteres wird in einem effektiven Spiel in expliziter Weise gefördert werden und langfristig verändert. Positiv veränderte Motivation und Einstellung bewirkt daraufhin eine bewusste Forderung nach Wissen. Spiele lassen sich demnach ideal in das Model der Lern-Lehr-Theeoretischen Didaktik integrieren.

Rollenspiele eignen sich dann als Methode, wenn die Sprachkompetenz der Schüler gefördert und gefordert werden soll. Hinter dem Schutzmantel der Rolle wird die Kommunikation erleichtert, Schüler sind weniger gehemmt und erkennen das Spiel als Lern- und nicht als Leistungssituation an. Die Spiele müssen dennoch von der Lehrperson fundiert vorbereitet und eingeführt werden, um dem Unterricht produktiv beizutragen. So bietet auch das Rollenspiel *Le Marché* eine Fülle an positiv zu vermerkenden Initiatoren. Es fördert kognitive, soziale und affektive Lernziele und schult die interkulturelle Kompetenz. Die Frage nach der Zielorientiertheit der Methode kann allerdings immer nur in individueller Betrachtung beantwortet werden. Das Rollenspiel ist von seiner Anlage her konstruktiv und bereichernd für den Fremdsprachenunterricht, bedarf aber einer situations- und kontextabhängigen kritischen Hinterfragung.

Das Sprachlernspiel *Le Marché* ist für den allgemeinen Fremdsprachenunterricht als ein Paradigma anzusehen. Die Analyse hat gezeigt, dass im Zuge des lernerorientierten, ganzheitlichen Unterrichts das Spiel an Bedeutung zunimmt und fortwährend Eingang in den Fremdsprachenunterricht erhalten sollte. Lehrpersonen sollten sich den vielfältigen Möglichkeiten der Sprachlernspiele öffnen und Schülern lebensnah, authentisch und motivierend in die Sprache, das Land und die Kultur einzuführen.

5 Literatur

Bildungsstandards für die fortgeführte Fremdsprache (Englisch/Französisch) für die Allgemeine Hochschulreife. Beschluss der Kultusministerkonferenz vom 18.10.2012. URL: http://www.kmk.org/fileadmin/veroeffentlichungen_beschluesse/2012/2012_10_18-Bildungsstandards-Fortgef-FS-Abi.pdf [Stand: 25.03.2015].

Gedicke, Monika: Rollenspiele im Fremdsprachenunterricht – eine Möglichkeit zur Förderung realitätsbezogener Kommunikation? In: Fremdsprachenunterricht. 44/53. 2000. S. 22 – 28.

Hansen, Maike/ Wendt, Michael: Sprachlernspiele. Grundlagen und annotierte Auswahlbibliographie unter Berücksichtigung des Französischunterrichts. Tübingen 1990.

Jactat, Bruno: Pause récréative ou méthode à part entiére? In: Le francais dans le monde. No. 358. 2008. S. 30 – 33.

Kleppin, Karin: Sprachspiele und Sprachlernspiele. In: Bausch (Hg): Handbuch Fremdsprachendidaktik. 2003. S. 263 – 266.

Kilp, Elóide: Spiele für den Fremdsprachenunterricht. Aspekte einer Spielandragonik.

Klippel, Friederike: *Activities* und Sprachlernspiele. In: Hallet (Hg): Handbuch Fremdsprachendidaktik. 2010. S. 186 – 190.

Klippel, Friederike: Überlegungen zum ganzheitlichen Fremdsprachenunterricht. In: Fremdsprachenunetrricht. Heft 44/53. 2000. S. 242 – 248.

Meyer, Hilbert: Unterrichtsmethoden, 1. Theorieband. 6. Aufl. Frankfurt am Main, 1994a.

Meyer, Hilbert: Unterrichtsmethoden, 2. Praxisband. 6. Aufl. Frankfurt am Main, 1994b.

Mönnich, Anette: Miteinander sprechen – eine Form gemeinsamen Handelns. In: Deutschunterricht 5/2006. S. 4 – 7.

Niedersächsisches Kultusministerium. „Kerncurriculum für das Gymnasium Schuljahrgänge 6 – 10". 2009. Niedersächsischer Bildungsserver. http://db2.nibis.de/1db/cuvo/datei/kc_franz_gym_i.pdf [Stand: 25.03.2015].

Rössler, Andrea: Input-Standards und Opportunity-to-learn-Standards für die Schulug interkultureller Kompetenz im Fremdsprachenunterricht. In: Caspari, Daniela/ Küster, Lutz (Hg.): Wege zu interkultureller Kompetenz. Fremdsprachendidaktische Aspekte der Text- und Medienarbeit. Frankfurt a.M. 2010. S. 115 – 130.

Schöpp, Frank: Zum Stellenwert von Mündlichkeit und Nähesprache im Französischunterricht. In: Zeitschrift für Romanische Sprachen und ihre Didaktik. Heft 2,2. Stuttgart 2008. S. 73 – 95.

Segermann, Krista: Ganzheitsdidaktik – ein pädagogisches Konzept auch für den Fremdsprachenunterricht? In: Fremdsprachenunterricht. Heft 44/53. 2000. S. 249 – 253.

Straka, Gerald A./ Macke, Gerd: Lern-Lehr-Theoretische Didaktik. In: Lernen, organisiert und selbstgesteuert – Forschung – Lehre – Praxis; Bd. 3. Münster, 2002.

Straka, Gerald A./Macke, Gerd: Neue Einsichten in Lehren , Lernen und Kompetenz. Bremen, Institut Technik und Bildung 2009. URL: http://www.pedocs.de/volltexte/2014/8723/pdf/Straka_Macke_2009_Neue_Einsichten .pdf [Stand: 26.03.2015].

Velica, Ioana: Lernziele und deren Bedeutung im Unterricht. In: Neue Didaktik, 2010. S. 17. URL: http://www.pedocs.de/volltexte/2013/5859/pdf/NeueDidaktik_2_2010_Velica_Lernzie le_Bedeutung.pdf [Stand: 25.03.2015].

Vogelsang, Heide: Spielpädagogik. Aspekte und Probleme des Spielens – exemplifiziert am Bewegungsspiel. In: Grundlagen der Schulpädagogik; Bd. 11. Hohengehren, 1994.

Vorbeck-Heyn, Manja: Rollenspiele: Freies Sprechen im Anfangsunterricht. In: Praxis Fremdsprachenunterricht Französisch. 5/2010. S. 4 – 6.